CRC日本ブックレット　NO.14

JN077682

子どもの成長発達のための

面会交流 共同養育 のあり方

森本京介（CRC日本理事）

青木智子（東京平成国際大学）

福田雅章（一橋大学名誉教授）

木附千晶（文京学院大学）

心理と法と司法と当事者の協働を求めて
「日本カウンセリング学会第53回大会」報告

本 書 の 趣 旨

　「子どもの権利条約」および国連からの勧告は、親が離婚する場合でも、双方の親は、子どもに対して「受容的な応答関係」を保障し続けなければならないことを求めています。親が結婚していようと、離婚していようと、子どもが双方の親から「愛情と幸福と理解のある環境」（条約前文）を保障してもらいながら、大きくなり成長発達する権利を有している（条約前文、6条、9条）ことは、人類の英知であり、「子どもの権利条約」の中核そのものです。

　子どもはどうしたら成長発達に不可欠な「愛情と幸福と理解のある環境」を親からもらえるのか。「子どもの権利条約」は、子どもの「ねぇ、ねぇ」顔をこっちに向けてよという愛着行動を意見表明権として保障し、親がそれに対して「なぁに、そうなんだ！」と無条件で（エンパワーメントされた形で）受容的に応答する（愛する）義務を果たすことによって実現しようとしています（条約12条および勧告パラ22）。意見表明権とは、子どもが親との間に無条件の受容的な人間関係をつくる権利であり、子どもはそれを通して親から愛され、自己肯定感と共感能力と基本的信頼感を獲得し、調和のとれた人間へと成長発達するのです。

　家庭裁判所の裁判官や同居親の弁護士等は、多くの場合、親の言い分の判断者や代理人ではあっても、子どもの成長発達権の担い手としては機能しません。子どもが別居親を拒否している、あるいは別居親がDVを行う可能性がるといったような主観的な理由で、いとも簡単に面会交流の拒否を正当化します。どのようにしたら、親も、裁判官も、調査官も、弁護士も、関係者全員が、親の利益ではなしに、子どもの成長発達権の保障という共通の王道に向けて協働できるのでしょうか。新たなメカニズムの構築が焦眉の急として求められています。

目　　次

第 1 章

シンポジウムの目的

木附千晶（文京学院大学）

発刊にあたって

　このブックレットは、子どもの健全な人格形成に向けた成長発達および権利保障をめぐる喫緊の課題である、安定的で継続的な面会交流（**コラム1**）の実現、そして共同養育の可能性を探ることを目的に、一般財団法人日本カウンセリング学会第53回大会（2021年8月）に合わせて企画された自主シンポジウムをもとに編集されました（CRC日本のブックレットNO.14）。

コラム1：面会交流

　日本は先進国の中でもめずらしく、単独親権の国です。両親が離婚すると、子どもを育てる権利や義務をどちらか一方の親だけが持つことになります。それもあって、両親が離婚すると、子どもは離れて暮らす親（別居親）と会えなくなってしまうこともあります。厚生労働省の『平成28年全国ひとり親世帯等調査』によると、別れて暮らす親（別居親）と面会交流できているのは、父子世帯の45.5％、母子世帯では29.8％だけです。そうしたことを防ぎ、子どもの成長発達を保障するために行われるのが面会交流です。具体的には、子どもと離れて暮らしている子どもの親（別居親）が子どもと定期的・継続的に、会ってお話をしたり、一緒に遊んだり、電話や手紙などの方法で交流し、たとえ一緒に暮らしていなくても、子どもが調和の取れた人格へと発達するために不可欠な、子どもとの人間関係を維持する、子どもにとって大切な権利です。

シンポジウムの目的

　面会交流は、子どもが、離婚や別居により離れてくらす親と関係性をつくり、「どちらの親からも自分は愛されている」と実感するための大切な権利です。ところが、別居親と面会交流できているのは、父子世帯の45.5%、母子世帯では29.8%に過ぎません（厚生労働省「平成28年度全国ひとり親世帯等調査」）。

　子どもと別居親の関係性が絶たれることによる子どもの成長・発達への影響を危惧した国連「子どもの権利委員会」（コラム２）は、子どもの権利条約に基づく日本政府に対する第４・５回『総括所見』（2019年）で、「共同親権（＝共同養育）（コラム３）を目的とした法改正、すなわち離婚後もいずれの親とも直接的な接触を持つ権利を保障せよ」と勧告しました。

　面会交流が途絶えてしまう要因としては、同居親およびその

【コラム２】 ：子どもの権利条約と国連「子どもの権利委員会」

　子どもにとって最も大切なことは、ひとり一人の子どもが「世界でたったひとつだけの宝」として大切にされながら、どのようにしたら「自分らしく生き、思いやりのあるおとなへ」と大きくなれるかということです。子どもの権利条約は、こうした子どもの尊厳、成長および発達を保障するため、1989年11月10日に国連総会で採択されました。日本も1994年に批准しています。条約によって、子どもには「自分の思いや願いを自由に出しながら大きくなる（成長する）権利」（子どもの権利条約6条、12条）があり、子どもと関わるおとなには「その思いや願いと真剣に向き合う義務がある」ことが明確になりました。「子どもだから」と半人前扱いされたり、おとな都合に合わせたりされない権利を保障されました。つまり子どもは、「愛されながら大きくなる」ことを子どもの力で実現できるようになったのです。国連「子どもの権利委員会」は、それぞれの国でこうした子どもの権利が保障されているかどうかを審査する機関です。

原家族による一方的な連れ去りの影響、いわゆる「片親疎外（PA, Parental Alienation）」**（コラム４）**、子どもの自己決定による頑なな拒否意思、父母の高葛藤への巻き込み、子どもの発達障害、別居親から同居親への DV や子どもへの虐待などが考えられています。

　しかし、「子どもの権利条約」**（コラム２）** は、これらの法的、心理的、社会的なさまざまな要因を克服して、子どもが別居親との間で、自らの成長発達に必要な「受容的な応答関係」を持続し（条約前文）、調和の取れた人格を備えた人間へと成長発達できるように（条約前文）、「面会交流権」を保障しています（条約９条第３項）。

コラム３：共同親権・共同養育

父母両方が離婚後も引き続き一緒に子どもを育てていくことを共同養育といい、子どもへの親権を持ち続けることを共同親権といいます。世界のほとんどの国がそうです。しかし日本は法律上、離婚するとどちらかの親が親権を持つ単独親権となり、親権者でない親と子どもが会えなくなるケースもすくなくありません。そのため、別居・離婚に際して、一方の親が子どもを無断で連れて出て行く、いわゆる「連れ去り」や、激烈な親権争いが起きることもまれではありません。離婚後は、ほとんどの場合、母親が親権を持ち、子どもと暮らす同居親になります。別居親となった父親は、子どもに会えなくなることが多く、離婚の際の親権争いの要因となります。共同親権は、共同養育を成り立たしめる法的枠組みでもあります。

　しかし、残念ながら日本の現状を見ると、このような子どもの権利の保障を王道にすえて、面会交流のあり方を見直すことは未だなされているとはいえません。それどころか、「子どもにとって面会交流は負担になる」という主張さえも、存在します。

　そこでこのシンポジウムでは、（１）子どもの権利条約および面会交流事案に精通した法律家、（２）配偶者によるいわゆる

「子どもの連れ去り」を経験し、ＰＡの症状を呈した子どもとの関係修復を行ってきた別居親（当事者）、（3）面会交流に臨む親および子どものサポートを行ってきた心理士が、

（ａ）それぞれの立場から安定的かつ継続的な面会交流および共同養育を阻んでいる問題点を出し合い、

（ｂ）子どもが両親から愛されることが成長発達を保障することであると確認し、

（ｃ）人間関係を維持するための面会交流に向けて心理士と法律家がどのようなサポートを行うべきかを考え、

（ｄ）今後、どのような法、司法、支援体制（支援機関）がつくられていくべきか、

について意見を交わしました。

　ブックレットとしてかたちにすることで、子どもの利益となる、安定的な面会交流に向けた心理支援および司法のあり方の契機となれば幸いです。

コラム4：片親疎外

離婚などによって片方の親によって育てられることになった子どもは、同居親（監護親）の意向を必要以上に汲み取って、同居親に同化し、同居親が持っている別居親への敵意や嫌悪感をまるで自分のもののように強く持つようになり、別居親を頑なに拒否することがあります。これによって生じる、子どもの不安や抑うつなど一連の精神的症状を片親疎外症候群（PAS：Parental Alienation Syndrome）と呼びます。PASは、1980年代初め、アメリカの精神科医リチャード・A・ガードナーによって提唱され、医学的にも心理学的にもさまざまな議論がなされてきました。約30年ぶりに改定された（2018年）ICD第11版（ICD-11）では、「PA,Parental Alienation（片親疎外）」が精神及び行動の障害の分類インデックスに記載されたと報道されましたが、掲載には至りませんでした。

第 2 章

子どもの権利条約の規定する
共同養育と面会交流

福田雅章（一橋大学名誉教授）

Ⅰ　問題提起：共同養育および面会交流をめぐる不毛な論争

（1）　共同養育（共同親権）や面会交流がどうあるべきかについては、2012年に民法766条が改正されて面会交流の規定が新たに導入されたり、2019年に国連が日本政府に対して画期的な勧告を出したことによって、はたまた離婚した親の多くの当事者が訴訟を提起することによって、日本社会においても、政治家および弁護士を含めて激しい論争が繰り広げられている。

（2）　しかし、共同養育（共同親権）および面会交流をめぐる上記の論争は、筆者には、問題の核心を踏まえたものでなく、それぞれの主張者が自己の感情をぶつけ合っているに過ぎない不毛な論争としか思えない。その大きな理由は、共同養育（共同親権）や面会交流の本質（なぜ子どもに保障されなければならないかに関する核心）が踏ま

【執筆者経歴：福田雅章】　一橋大学名誉教授。ハーバード大学ロースクールLL．M．DCI日本、CRC日本元代表。弁護士。専門は刑事法、少年法、子どもの権利等。子どものための国連特別総会日本政府代表団顧問（2000）。過去4回子どもの権利条約に関する国連審査に日本の子どもとともに参加。『人間回復の理論と現実 ― 原発事故から4年目の福島』（NPO 法人シャローム　2000）。

えられていないからである。

　第1に、それらは親の利益や権利ではなく、もっぱら子どもの視点から理解されなければならない。しかし、現実には、子どものために主張されているように見えても、その大多数は、実は、親の立場や利益の擁護でしかない。現に普段は実に立派なことを主張している弁護士であっても、いったん親権や面会交流事件の代理人になると、なんて多くの弁護士が、子どもの権利や最善の利益を棚に上げて、親であるクライアントの主張や利益を真っ正面から擁護していることか！

　第2に、子どもの視点と言うことは、「子どもの権利の視点」から理論構成され、論争されなければならないはずなのに、そもそもそのために必要な子どもの権利論がまったく明らかにされていない。たとえば「成長発達権」というが、未熟な子どもは、その具体的・実体的な内容を自ら実現できるわけではないから、結局、「未熟な子どもに代わって子どもの"成長発達権"を保障してあげる地位にある国や親やおとなが、自分の利益や都合を「これがあなたのため」と屁理屈を付けて押しつけ、挙げ句の果てに子どもを支配管理しているに過ぎない（これを"利益説的権利"という（**コラム5**）。要するに"成長発達権だ"、"学ぶ権利だ、学習権だ"と偉そうに子どもの権利を一見理論化しているように見えても、それらは所詮おとなの支配の道具としての"利益

コラム5：利益説的権利

　自らの意思や力で実現できないが、一定の利益とか資格を当然に有している場合にその者の地位を「利益説的権利」という。たとえば、子どもは「成長発達する」、「学ぶ」あるいは「愛される」といった地位（利益・資格）を有しており、それらを「成長発達権」「学習権」「愛される権利」と呼ぶが、子どもは自らの意思や力で実現することはできない。子どもに代わって、親等の身近なおとなや社会や国（保障者的地位にある者）が、具体的な目的、内容、方法等を決めて、その権利を実現・保障することになる。結局、子どもはおとなが定めたことに服従することだけが求められる。利益説的権利は、多くの場合、おとなに子どもを支配する権限を付与することになる。これに対して自らの意思で実現する権利を「意思説的権利」と言う。

- 9 -

説的権利" でしかない。子どもは、おとなと同じように権利行使できない存在だから "子ども" であるのに、子どもも十全の（full-fledged）権利行使主体だとうそぶく理論もある。理性的な存在でない子どもがどうして権利行使の主体になれるのか。要するに、子どもの権利行使の主体性は、未だに通説では理論化されておらず、子どもはパターナリズム論（**コラム6**）や利益説的権利の客体でしかない。共同養育（共同親権）および面会交流も、子どもの視点ではなくおとなの視点から議論されているに過ぎない。

（3） 共同養育（共同親権）および面会交流のあり方について、親や社会の感情論ではなく、真に子どもの視点から論じられる共通の基盤を設定するにはどうそればよいか。子どもの権利の視点（受容的な人間関係を形成する権利としての意見表明権）から、子どもの子育ち（成長発達権）を規定した「子どもの権利条約」こそ、すべての出発点とされるべきである。なぜならそれらは人類史の英知の所産だからである。

> **コラム6：パターナリズム論**
>
> 力のない者の利益を考えて「こうすることがあなたのためだ」として、本人の意思を問うことなしに、支配、支援、介入を行うこと。家族関係における家父長の支配や、親が子に干渉を加える根拠として用いられてきた。現在無造作に子どもの権利として「利益説的権利」（コラム5参照）が唱えられているが、子どもの権利と言う名で実はおとなの介入や干渉が横行していることに注意。

Ⅱ 「子どもの権利条約」こそ議論の出発点とされなければならない

（1） 人類の英知としての「子どもの権利条約」

「子どもの権利条約」は、1973年に国連で採択され、1994年には日本も批准した。現在アメリカを除く全世界が批准している、子どもの権利および子どもの成長発達権の国際準則であり、人類の英知である。条約が共同養育（共同親権）および面会交流についてどの

ように規定しているかを明らかにし、それらを共通の前提としてわが国においても議論が進められなければならない。また、そうすることによって争いになっている大半の問題点は解決する。

（２）　子どもの権利主体性の承認

周知のごとく、おとなの主体性は、理性的存在を前提とする"個人の尊厳"としての自己決定に基づく人格的な自律性から導かれる。しかし、子どもは未だ理性的存在ではないから、主体性の根拠を、理性や個人の尊厳や人格的自律性に基づく自己決定権に求めることはできない。子どもが持っている唯一の力は、命を全うし、孤独の不安や恐怖から逃れるために、両親や身近なおとなに対して「ねぇ、ねぇ！」「顔を自分に向けてよ！」と呼びかける、本能的な欲求としての愛着行動である。「子どもの権利条約」は、この子どもの本能的な欲求としての愛着行動（意見＝ views。国連「子どもの権利委員会」一般的注釈第７号１４，１５等参照）の表出を意見表明権とし、それに対して身近なおとなが「なぁに？」、「そうなんだ！」と「受容的に応答する義務」を課した（条約１２条）。通説（および国連「子どもの権利委員会」）は、この１２条の意見表明権を社会に参加する権利だと説明しているが、この権利はそのような市民的な権利ではなく、その本質は、条約が前文で子どもの成長発達のために不可欠だとしている「幸福、愛情および理解のある環境」を、子どもが自ら実現するための身近なおとなとの間の「受容的な応答関係」をつくる権利を規定したものである。自らの成長発達に主体として参加するための生存権の一種と言えよう。このように子どもの主体性は、身近なおとなに自由に愛着行動を表明し、受容的に応答してもらう人間関係の中で、実現されるのである。

（３）　子どもが自らの成長発達権を実現する権利とは？

条約は、子どもの実体的な権利を規定する冒頭の６条で、生命権および生存権と合わせて、（成長）発達権を規定している。それなら子どもはどうすれば（成長）発達できるのか。これに対して「子どもの権利条約」は、人類の英知としての明確な回答を「愛されなければなら

ない」と規定している。すなわち、子どもが人格の完全かつ調和のとれた人間へと発達するためには、「幸福、愛情および理解のある環境」の中で成長しなければならないと断言している（前文）。このように条約はその前文で抽象的な権利として「愛される権利、ないしは幸福、愛情および理解のある環境が保障される権利」を規定しているが、それらの具体的な規範内容を明確にすることは難しい。そこで、条約は各論の１２条で、それらに変えて具体的に、無条件で「受容的に応答してもらえる人間関係をつくる権利」（意見表明権）として保障することにした。身近なおとなに無条件で受容し応答してもらう関係の中で、子どもは「自分は生きていていいんだ」という自己肯定感、「他人は信頼していいんだ」という基本的信頼、さらには他人のことを考えることのできる「共感能力」を醸成することができ、調和のとれた人格を備えた人間へと発達することができる。このように子どもが自らの成長発達権を実現する権利は、子どもが自ら主体的に使えるただ一つの権利である意見表明権の実践によって実現されるのである。

（４） 面会交流権は共同養育を受ける権利である！

条約は、その９条第３項で「父母の一方又は双方から分離されている子どもは、定期的に父母のいずれとも人的な関係および直接的な接触を維持する権利」を有していると規定している。一見するとこの規定は、父母が離婚しているような特殊な状況にある子どもに対する特別な保護規定のように見えるが、決してそうではない。子どもが調和のとれた人格を備えた人間へと発達するためには、親が離婚していようと、していまいとまったく関係ない。いずれの場合にも、両親の双方から前文の規定する「幸福、愛情および理解のある環境」が保障されなければならない。婚姻関係が破綻し、離別した別居親から物理的に従前と同じように共同養育を保障してもらえなくなった子どもが、前と同じように別居親からも受容的な応答関係を保障してもらって成長発達する権利を定めたのが面会交流権である。言い換えると面会交流権とは、別居親から後述の共同養育を受ける権利を保障したものであ

る。

条文の規定内容をみても、子どもの「ねぇ、ねぇ！」という呼びかけに対して、「なぁに、そうなんだ！」と双方の親と「人的な関係を維持する権利」を保障しており、また成長発達に不可欠な自己肯定感や共感能力等が醸成されるように、受容的・応答的な密な直接的接触を維持する権利を保障している。

日本における面会交流の実態を顧みるに、せいぜい月に数回、１回数時間、同居親の親権による優先的支配を色濃く残した面会交流内容である。さらには子どもが別居親に拒否的だとか、別居親がＤＶを行う可能性があるといった理由だけでいともたやすく否定されてしまう面会交流など、そもそも面会交流が成長発達権を保障するための共同養育の内実であることが完全に否定されている。

Ⅲ　第4回・5回国連勧告は、条約の核心を明確にする画期的な勧告

国連「子どもの権利委員会」は、これまで子どもの成長発達権についてほとんど言及してこなかったが、２０１９年の「子どもの権利条約」に関する日本政府への第４・５回勧告で、初めて、子どもの成長発達権、それを実践するための意見表明権、共同養育権（共同親権）および面会交流権に関して総合的な勧告を行った。子どもの権利の中核がはじめて俎上に載せられたといえる。国連の最新の勧告は、

① 社会の競争的性質によって子ども期が害されないように成長発達権（パラ２０ a）、

② 無条件で、欲求表明し受容される権利としての意見表明権（パラ２２）、および

③ 共同親権（養育権）を日本の民法に導入し、その下で子どもが常に「父母のいずれとも人的な関係および直接的な接触を維持する」権利（パラ２７）

を保障せよとする、子どもの成長発達に関する画期的な勧告を行っ

た（詳しくは、福田雅章「成長発達権と意見表明権の新たな可能性を示唆する勧告」CRC日本ブック　レットNO.１０、３０頁以下）。

（１）　社会の競争的性質によって子ども期が害されないように成長発達権を保障せよ

①　子どもの成長発達を害する要因には、古典的には貧困、暴力・虐待・ネグレクト、差別、戦争等いろいろある。しかし、成長発達権の侵害は発展途上国だけのものではない。今回の勧告は、経済的に発展するための競争主義とそれを維持するための社会文化構造、すなわち近代資本主義社会そのものが子どもの成長発達を害していることを、初めて認めた。画期的なことである。なぜなら「子どもの権利条約」が、新自由主義および新国家主義を標榜している先進国の子ども状況を改善する対抗軸たり得ることを自ら初めて承認したのであるから。

②　教育法学者の中にはおとなにも成長発達権があるなどというが、「子ども期」と言う表現を用いており、ここでいう成長発達権が子ども固有のものであることは明らかである。そうであれば、条約の前文および１２条が保障している、成長発達過程に登場するお父さん、お母さん、保育士さん、学校の先生といった身近なおとなに「愛される権利」、すなわち子どもの「受容的な応答関係をつくり、自らの成長発達に参加する」権利が、経済的に豊になるための競争主義的・国家主義的な政策要請で侵害されていることを明らかにしたのである。

（２）　一人の尊厳をもった人間として、安心して意見（欲求）を表明しながら、自らの人生のプロセスに参加することを促進せよ

①　今回の勧告は、意見表明権について、従来とはまったく違う勧告を出している。子どもが遭遇する人生のさまざまなプロセスに「意味のある形でかつエンパワーされながら参加することを促進せよ」と勧告している。大変難しい表現〝meaningful and empowered participation〟が用いられているが、「子どもの社会的参加権」とか、

理由も無しに「子どもの意見表明自体を尊重する」といった従来の立場とは明らかに異なっている。子どもの意見表明権がなぜ大切であるかの核心に迫る視点をはじめて示唆したといよう。

② すでに述べたように「意見」のなかには、国連も認めているように、子どもの欲求、憎しみ、本能的な愛着行動等も含んでいる（前掲１１頁）。そんな"意見"の表明が子どもの権利としてなぜ尊重されなければならないのか。これまでの条文の解釈や国連「子どもの権利委員会」の一般的見解、さらには最終所見においてもまったく説明されてこなかった。

今回の"empowered participation"という表現は、そもそも「病気等で集団の中で孤立している人を仲間に入れる」という意味を有しており、そうであれば、「どんなに馬鹿げた意見表明でも受容的に受けとめて仲間に入れる」ことを意味しているといえよう。まさに私の言う「ねぇ！ ねぇ！」という呼びかけに対して「なぁに？ そうなんだ！」と受容的に受け止めてもらう人間関係の形成が示唆されている。意見表明権の意義と価値はまさに無条件に受容してもらう関係（愛される関係）を形成する権利だという点にある。否定されたり、拒否されることなく、一人の尊厳を持った人間として尊重され、安心して意見（欲求）を表明しながら、自らの人生のプロセスに参加することを通して、子どもは、自己肯定感や共感能力を、さらには他者に対する基本的信頼感を獲得し、人格的に調和のとれた人間へと発展するのである（ここに"meaningful participation"の意味がある）。

（３） 子どもが成長発達するためには、親が離婚していようといまいと、両親に「愛情と幸福と理解のある環境」を保障してもらうことが不可決である

今回の勧告は、子どもが成長発達するためには、双方の両親から愛情と幸福と理解のある環境を保障してもらうこと（共同養育）が大前提であり、離婚等でそれが現実的に崩壊している場合には、それを回

復する権利として、子どもに面会交流権を保障せよと勧告している（パラ２７）。勧告は、日本の民法を改正して "Shared custody"（共同養育）を導入せよとしているが、そこには三つの意味が込められている。

① **一つ目は**、子どもが成長発達するためには、条約の前文が宣言している「愛情と幸福と理解のある環境」の保障が不可欠であること、

② **二つ目は**、その保障は、条約前文の宣言する「自然的環境としての家庭、すなわち両親の双方から」保障されなければならず（共同養育）、そのことは法的にも担保されていなければならないこと（共同親権）、そして

③ **三つ目は**、両親の揃った自然的環境としての家庭が崩壊した場合には、別居親との間の「愛情と幸福と理解のある環境」を維持し、崩壊させないために、子どもに面会交流権（条約９条３項）を保障すること。

Ⅳ　小括：「子どもの権利条約」（国連勧告を含む）の規定する共同養育権と面会交流権

　冒頭でも述べたように、わが国に共同養育（親権）と面会交流権を導入するに際しては、人類の英知として規定された「子どもの権利条約」の視点が議論の出発点に据えられなければならない。上述した内容を要約して、「子どもの権利条約」の規定する共同養育権および面会交流権の中核を列挙すると、それは次のようなものである。

（１）　共同養育（親権）も面会交流権もすべて、子どもの成長発達権を担保するためのものであり（日本政府への勧告パラ２７（ｂ））、それらの内容は子どもの成長発達に役に立つかどうかだけで判断される。

（２）　子どもが調和のとれた人格を備えた人間へと成長発達するのためには、「愛情と幸福と理解のある家庭環境」が保障されなければならない（条約前文）。

（3）　「成長発達権」とは、両親から「愛情と幸福と理解のある環境」を保障してもらい（条約前文）、自己肯定感、共感能力さらには基本的信頼感を培って（発達のための愛着心理学の知見）、調和のとれた人格を備えた人間へと発達すること（条約前文）である。

（4）　子どもの成長発達権は、子どもの成長発達を担う親等によって受動的に保障される「利益説的な権利」ではなく、子ども自身が自らの主体的な力である意見表明権を用いて実現する能動的な権利である（福田の主張する「関係論的子どもの権利論」の帰結）。すなわち、自らの欲求や愛着行動等の意見を表明し（条約１２条の意見表明権の行使による、「顔をこっちに向けてよ」という呼びかけ）、それに対して親等に受容的に応答してもらうことによって（条約１２条の無条件の応答義務）、身近なおとなとの間に安心できる受容的な応答関係を形成する。この受容的な応答関係こそ「愛情と幸福と理解のある環境」である。成長発達のための不可欠な権利として前文で抽象的に宣言されている「家庭環境の中で愛される権利」を、１２条の具体的な「受容的かつ応答的な人間関係をつくる権利」として子ども自身が実現できるようにしたものである。

（5）　「共同養育」とは、自然的環境としての家庭で、両親が、子どもの「ねぇ！　ねぇ！」という呼びかけ（意見表明権の行使）に対して、「なぁに？　そうなんだ」と受容的に応答すること（＝愛情と幸福と理解のある環境を子どもに保障すること）である。

（6）　この共同養育による受容的な応答関係を通して、子どもには自己肯定感、共感能力さらには基本的信頼感が醸成され、調和のとれた人格を備えた人間へと発達する。

（7）　離婚等によって、別居親との間の「愛情と幸福と理解のある環境」の維持が崩壊したときには、子どもに面会交流権（条約９条３項）を保障する。

（8）　面会交流権は、別居親との共同養育を実践し、維持する権利である。

第 3 章

なかなか子どもと会えない
別居親の現状

森本京介（CRC日本）

　離婚や別居によって離れて暮らす親子が、定期的に会うなどして交流することを、面会交流と言います。日本では、母子家庭における面会交流の実施率は29.8%にとどまります（2017年・厚労省・全国ひとり親世帯調査結果報告）。血のつながった親子が会うという、ごく当たり前に思われることが、まったく容易ではありません。何とか会うことができている場合でも、家庭裁判所で面会交流の頻度を決める場合、月1回2～3時間程度が相場です。米国では6割以上の離別親子が定期的な面会交流を実施しており（2015年・US Census）、児童期の子どもの標準的な面会交流プランは週1回数時間に加えて隔週末の宿泊となります。米国と比較して、日本の面会交流がいかに貧弱なものかわ

【執筆者経歴：森本京介】　「日本家族と子どもセラピスト学会」認定セラピスト、800以上の団体や個人が加盟する世界最大規模の面会交流支援者ネットワークである米国Supervised Visitation Network 24 hours Training 修了、子どもの権利条約(CRC)日本事務局長・国際部長、「NPO法人JUST面会交流支援事業」も立ち上げた。

かります。

　私は子連れ離婚家庭を専門に、面会交流支援や相談事業を行ってきた支援者です。私はまた、元配偶者との確執によって子どもと会えなくなったことのある当事者でもあります。支援者として経験を積みながら、わが子とは月1回3時間の面会交流を継続し、6年間かけて新しい親子関係を築きなおしてきました。

　親子関係を再構築する方法に、ただ一つの正解はありません。しかし、私が何百人の当事者に接してきた経験から、うまくいく親とそうでない親には行動パターンの違いがあることを見て取れるようになってきました。本稿では、まず、日本の面会交流をめぐる近年の状況の変化について解説します。次に、なかなか面会交流がうまくいかない理由を、いくつかの切り口から分析したいと思います。最後に、支援者として面会交流に悩む親にどのように対処するのがよいかを私の経験を踏まえて考えます。

１．日本の面会交流をめぐる近年の状況の変化

　近年、面会交流という言葉がメディアに取り上げられることが増えました。ここ10年ほどで起きた、社会環境の変化を振り返ってみましょう。

（１）　そもそも会う気がない時代　−2010年頃まで−

　　日本の離婚の9割は、離婚届1枚を提出すれば完了する協議離婚です。面会交流や養育費の取り決めは努力目標でしかなく、義務ではありません。国や裁判所から何ら関与を受けることなく、離婚を成立させることができます。お互い感情に任せて離婚した夫婦がどうなるか、厚労省が行ったアンケートからうかがうことができます。養育費を受け取っていない母親を対象に、不受理の理由をヒアリングした調査です。「交渉中である」「交渉がまとまらなかった」という回答は6.3%しかありませんでし

た。ほとんどの母親が、「相手と関わりたくない」「どうせ払う意思や財力がないだろう」などと答えていました。つまり、相手への不信感や嫌悪感，恐怖などから、養育費を求めるアクションさえ起こしていないのです。両者が話し合いのテーブルについていないわけですから、父親の多くもまた、子どもに会わせてほしいと求めてこなかっただろうと推定できます。

　一般的に夫婦が離婚する原因は、ひとつ屋根の下で暮らしたくないほど関係が悪化したからです。互いに悪感情をもって別れるのは、日本に限った話ではありません。かつて欧米諸国でも、離婚後の子どもは一方の親の庇護下で成長するのが一般的だったようです。ところが、1970年代を境に状況が変わっていきます。契機をつくったのは、ウーマンリブやフェミニズムといった男女平等運動でした。女性たちは家庭に押し込められているだけの人生を拒否し、社会進出の意欲を訴えます。男性たちもまた、稼ぎ手の責任を一手に背負うのでなく、家事や育児にも関わりたいと声を上げました。こうした運動によって、女性の権利と男性の権利の双方が、同時進行で実現していきます。このムーブメントの中で、共同養育にかかわる法律が次々に制定されました。1989年に採択された子どもの権利条約には、子どもが父母のいずれとも関係を維持する権利が定められました。

　日本でも欧米からそう遅れることなく、男女平等に向けた社会運動が立ち上がりました。その結果、制度上ではさまざまな女性の権利が認められるようになりました。しかし、高度経済成長期を謳歌していた日本では、大企業の総合職に占める女性の割合はさほど上がりませんでした。男性は仕事、女性は家事・育児に専念するという夫婦分業モデルが、依然として理想的な家族像とされ続けました。離婚後に父母が共同で子どもを養育するという理念は、広がりを見せませんでした。

（２）　会いたくても会えない　－2010年頃以降－

　2000年代に入ると、日本経済の停滞は誰の目にも明らかになります。またこのころまでに、都市部を中心に核家族が増加していました。こうした社会の変化を背景に、イクメンとも称される子育てに生きがいを見出す男性が増加しました。離婚後の親子交流を求める親たちの団体が、日本で初めて設立されたのが2008年です。2011年には民法766条が改正され、面会交流という言葉が初めて日本の法律に登場します。2013年には、国際的な子の連れ去りを防止するハーグ条約（**コラム7**）に日本政府が加盟しました。欧米諸国から30年ほど遅れて、離婚しても子どもとの関わりに意欲を示す男性の存在が、日本でもようやく認められはじめたのです。

　面会交流を行いたいが話し合いがうまくいかないとき、その親は家庭裁判所に調停や審判を申し立てることができます。これは面会交流事件と呼ばれ、2000年には年間2千件程度でしたが、2019年には1万5千件を超え、約8倍にまで増加しました。単純計算では、1年のうちに100人中1.5人程度の子どもが、会う会わないをめぐって親同士の裁判にかけられていることになります。離婚しても子育てに関わりたいと望む親は、大幅に増えていると推定されます。しかし、面会交流の実施率は、2012年には27.7%だったのが、2017年には29.8%とさほど上がっていません。子どもに会いたい親は増えた

コラム7：ハーグ条約
正式名称は「国際的な子の奪取の民事上の側面に関する条約」。国境を越えて子どもが連れ去られた場合に、条約では、子どもを元の居住国に返還するための手続や国境を越えた親子の面会交流の実現のための締約国間の協力等について定めています。1980年に国連で採択され、日本は、2014年にこの条約に署名、締結、公布にかかる閣議決定を行いました。日本人と外国人の間の国際結婚・離婚に伴う子どもの連れ去り等に限らず、日本人同士の場合も対象となります。

のに、子どもに会えている親は増えていないのです。別居親がいくら子どもに会いたいと願っても、同居親が快く子どもを送りだしてくれないと、面会交流は実現しません。面会交流の日時や場所といった、最低限の決め事をするのさえ難しい事例は、枚挙にいとまがありません。次の章では、親同士の話し合いがうまくいかない理由を考えます。

2.　面会交流がうまくいかない理由

（1）　親同士の闘争

　　離婚したばかりの両親は、口を開けば相手を非難しがちです。突然子どもと会えなくなった父親は、「子どもを会わせないなんて、相手はとんでもない親だ」と母親への呪詛を唱えます。子どもを連れて出た母親は、「いまさら子どもと会いたいなんて、相手はとんでもない親だ」と積年の恨みを吐き出します。

（2）　父母の怒りが高まりやすい理由

　　これにはさまざまな事情があります。ここでは、それらのうちの4つだけを述べたいと思います。

① 　日本特有の司法制度

　　日本の司法には、離婚する夫婦に「さあ決着をつけなさい」と、戦いのゴングを鳴らすかような仕掛けが用意されています。

　a)　離婚後の単独親権

　　離婚後、親権は父母の一方にしか与えられません。もし双方が親権を主張して譲らない場合、自分がより親権者にふさわしい証拠を裁判所に提出し、もう一方の親に打ち勝たねばなりません。離婚後の共同親権を認めていない国は、G7では日本のみ、G20でもインドとトルコを加えた3カ国だけです。

b) 有責主義

　日本では相手の過失によって離婚する場合、相手に制裁を加えることができます。たとえば、相手の浮気現場の写真を提出すれば、慰謝料をとることができます。世界的には、人の気持ちは法律で縛れないとする考え方が主流です。有責配偶者に離婚の責任をとらせる司法制度は、日本以外のほとんどの先進国で廃止または有名無実化されています。

c) 継続性の原則

　双方の親が親権を主張する場合、日本の家庭裁判所は、子どもと現に暮らしている親を親権者に選びます。私が数百人の当事者にインタビューしてきた経験から、別居親に子どもを移動させるよう裁判所が命じた事例は1%もありません。この裁判所の慣例を念頭に、親権を勝ち取りたい親が相手の同意なく突然子どもを連れて家を出る、いわゆる「子の連れ去り」が頻発しています。連れ去りが起きると、夫婦間の信頼は根底から崩れます。

② ジェンダー間闘争

　男女平等の運動は、日本でも1970年代から活発に行われてきました。今日までに、雇用機会の均等や出産の自己決定など、女性の権利を向上させるさまざまな制度が実現しています。しかし、女性の実際的な地位向上は進まず、そのような中、女性が男性に一撃を与えられるような制度やシステムが成立しました。

　たとえばDV防止法（**コラム8**）とよばれる法律を使えば、DVの有無にかかわらず、女性は夫や交際相手からの一切のアクセスを遮断できます。通告された男性は、子どもに会いたいと願っても、どこにいるか知るすべもありません。役所の窓口は、男性をまるで犯罪者のように扱います。女性専用

車や痴漢冤罪もそうであるように、根拠なく男性を悪と決めつけるシステムが、日本にはしばしば見られます。とくに人間関係の希薄化が進む都市部で、男性排除の傾向が強いようです。身に覚えがない理由で突然迫害された男性たちは、虚偽を述べた女性に罰則を与えるべきだと、女性団体などに真っ向から抗議の声を上げています。

　日本のジェンダーギャップ指数は、2021年現在で156カ国中120位と、先進国で最低レベルです。この指数は、必ずしも女性の地位が低いことだけを意味せず、男女格差を数値化したものです。共同養育とは、本来、子どもの養育における男女格差をなくす取り組みです。「男は暴力的」「女はウソつき」と互いへのレッテル貼りが、ジェンダー間の相互理解を分断する制度を生み、共同養育を志向する親たち（男性も女性も）の行く手を阻んでいます。

コラム8：DV防止法

配偶者からの暴力の防止と被害者の保護を目的にしたもので、正式名称は「配偶者からの暴力の防止及び被害者の保護等に関する法律」と言います。中核となる支援施設は、配偶者からの暴力相談支援センター・婦人相談所です。被害者の申し立てにより裁判所は、加害者に6月間の接近禁止命令や2月間の住居からの退去命令を出すことができ、命令に違反した場合は懲役または罰金に処せられます。

③　結婚をゴールとする考え方

　結婚とは、相手と一生添い遂げることを誓う契約または約束と言えるでしょう。日本では、結婚していないカップルから生まれた子ども（婚外子）は2.3％しかありません。つまり、日本で子どもをつくりたいと思ったら、その相手の他には絶対に浮気しないと、親族や友人の前で誓わなければなりません。もし相手が約束を破ったら、法的なペナルティだけでなく、社会的制裁を与えることもできます。そうした事情

から、多くの日本人は結婚したとたん、相手の気持ちを繋ぎ止める努力を怠りがちです。心の中で相手を尊重せず、うわべだけの家庭を演じる「仮面夫婦」が、ひとたび演技をやめる覚悟を決めると、一挙に本性をむき出しにした争いに突入します。

諸外国では、結婚の権威がどんどん弱まってきています。守れるかどうかわからない約束ならばと、最初から結婚という道を選ばないで子どもをつくるカップルが増えました。事実婚の場合は簡単に別れられますから、相手と生活をともにしたければ、自分が魅力的な人物でありつづけなければなりません。それでも愛情が薄れた場合、努力を尽くしたけれど実らなかったと、お互い納得づくで関係を解消します。その場合、同居中に築かれた共有財産の権利など、一定の権利が保障される制度が整備されています。子どもとの関係も、当然に双方に保障されます。

④　一般的信頼の低さ

社会心理学の用語で、他者を基本的に信頼しない戦略をとる人のことを、「低信頼者」と呼びます。低信頼者は他者を気安く信用せず、ほとんどの人間は裏切るものだと考えています。日本人にはこの低信頼者の割合が高いことが、社会心理学者の山岸俊男らの調査で明らかになっています。

低信頼者は、身内だとわかっている相手にのみ協力します。自分が属するコミュニティの中で、悪い噂をたてられたくないからです。たとえば同じ会社の系列に属する人なら、どんな虫の好かない相手でも裏切ったりしません。低信頼者にとっては、相手の誠実さや、正直な人間かどうかは問題になりません。役職や肩書で、どのように接すればよいかを決めています。

夫婦が夫婦でいるうちは、互いに身内と言える存在です。

低信頼者は、たとえ配偶者への愛情が薄れていても夫婦らしく振る舞います。親族や知人の手前、温かい家庭を築いているポーズをとるのです。しかし、ひとたび離婚してしまえば、二人は文字通り他人になります。低信頼者は身内以外の人間とは協力しあいません。他人である元配偶者を、もう立てる必要はありません。そして、結婚が破たんしたのは自分のせいではないと、相手を非難するようになります。

（3）　「一般的信頼の低さ」こそ壊れた夫婦の闘争の根源

このように、日本には、父母を争いに叩きこむさまざまなワナが張り巡らされています。当事者が元配偶者への恨みを口にするのには、ちゃんと理由があるのです。中でも（4）の「一般的信頼の低さ」に、私はもっとも注目しています。（1）から（3）に示した日本特有の制度や価値観も、すべて日本人の他者への低信頼性と相関関係にあると考えるからです。たとえば芸能ゴシップの掲示板をみると、不倫や薬物などの問題を起こした人物に社会的制裁を与えることに、多くの日本人は肯定的です。親権を失った親は、何か問題があったのだろうと色眼鏡で見られます。結婚をしないで子どもを産むカップルは、責任感がないなどと批判されます。こうした規範からはみ出した人への不寛容は、他者への不信感情に日本が覆われていることの表れではないでしょうか。

男性は会社に忠誠を尽くし、女性は家を守るロールモデルが、日本ではいまだに一般的です。男性は同僚、女性はママ友グループなど、流動性の低い集団の中で人間関係を築きます。ひとたび対人関係に失敗すると、一発アウトでリカバリーは困難です。誰かが抜け駆けをすることは許されません。日本人は世間の同調圧力の中で、本音を押し殺し、相手の立場や顔色をビクビクうかがって生きています。

夫や妻の役割にふさわしい自分を演じているうちは、世間から後

ろ指を指される心配はありません。しかし、離婚後に共同養育を実践する局面では、立場を抜きに相手と協力できるかどうかが問われます。是々非々で対人関係をとる経験をあまりしてこなかった低信頼者は、袂を分かった相手と折り合うスキルを持ちわせていません。

　私の経験では、社会的信用度の高い職業に就いている夫とその妻ほど、協力的になれない傾向があります。厳しい言い方かもしれませんが、大企業の正社員や良妻賢母といった立場を演じてきて、本当の自分を生きてこなかったからではないでしょうか。「男はこうあるべき」「女はこうあるべき」という社会のスティグマにしばられた夫婦が、ついに辛抱の限界を超えると、話し合いを飛び越していきなり激しい紛争に突入するのでは、と私は考えています。

3．カウンセラーができること

　係争中の父母は、板ばさみになった子どもが目に入らないほど互いを非難します。子どもへの愛情が欠けているのでしょうか。決してそんなことはありません。離別のショックで頬のこけた別居親や、生活に追われて目にクマをつくっている同居親に接すれば、当人なりに子どもを思って心を砕いているものです。そのような相手に「子どものためを考えて」と上から目線で説教をしても、まず効果はありません。

　「子どものためにならないのは相手方や国だから、そっちに言うべきだ」と、他責の感情をかきたてるだけです。子どもの権利条約の理念を説いても、条文のエッセンスを都合よく解釈され、相手への攻撃に利用されるのがオチです。家庭裁判所などが近年取り組もうとしている離婚後の親ガイダンス（親教育）も、おそらくあまり効果がないでしょう。他人は基本的に裏切るもので、相手を信じるのはリスクでしかないと考えている低信頼者に、元配偶者と協力しろと講釈を垂れてもうまくいくはずがありません。

　2021年現在の親世代は、団塊ジュニアと呼ばれる世代を中心に、1960〜90年代に子ども時代を過ごした人たちです。ジャパンアズナン

バーワンと呼ばれ、日本が経済的な成功をおさめていた時代です。参観日に来てくれる親はほとんど母親で、父親は子どもとの約束より仕事を優先する時代でした。当時の子どもは、周囲のおとなに「ねぇねぇ」と声を上げられていたでしょうか。親や周囲のおとなは「なぁに」と耳を傾けてくれていたでしょうか。もちろん個人差はあるでしょうが、「人に迷惑をかけるな」と叩きこまれ、受容的・応答的な関係を築けないままおとなになった人も少なくないでしょう。そうしたおとなは、ありのままの自分でよいのだと感じられないので、容易に他者を信頼することもできません。しかし、決して手遅れではありません。おとなも子どもと同様、意見を表明する権利を当然に有しています。その声は、あたたかく受け止められなければなりません。思いや願いを意見表明できる環境に恵まれた人だけが、自らも他者の声を受け止められるようになります。そのため、まず自分が受容的・応答的な居場所を見つけることが重要だと、私は考えています。

　カウンセラーがクライエントの声を全て受け止めるのは、至難の業です。苦しみのただ中にある当事者は、ひとたび口を開けば、何時間も話を止められないものです。ボランティア精神でむやみに相談に乗っていては、いくら時間があっても足りません。さらに、カウンセラー自身の感情転移につながり、誤った支援をしてしまうリスクも生じます。そこで、クライエントにある程度のヒントを与え、次回の面接までに回復に向けたアクションを実践してもらうことを繰り返す必要があります。また、当事者が自由に集まれる自助グループのような場を提供し、当事者同士で意見を表明してもらうことも有効です。日本では離婚カウンセリングはあっても、子どもをもつ親のための支援は歴史も浅く、これといった手法が確立されていません。何の訓練もされていないカウンセラーの介入によって、さらなる傷つきを負うクライエントも多い中、支援者の業界全体の底上げが望まれます。

第 4 章

面会交流・共同養育を阻む
日本の司法の問題

福田雅章（一橋大学名誉教授）

　第２章で、わが国の面会交流および共同養育が、「子どもの権利条約」の規定や大方の世界各国の動向と大きく乖離しており、また立法化に当たっても不毛な論争に終始していることに触れた。国連「子どもの権利委員会」は、わが国に対する２０１９年の「子どもの権利条約」に関する第４・５回勧告で、子どもの成長発達権、意見表明権、共同養育（共同親権）、および面会交流権に関して、「子どもの権利条約」制定以来初めて真っ正面から取り上げて、画期的な勧告を出した。これについてもすでに説明したとおりである（前掲１３頁以下。特に１６頁以下のⅣで小括してある）。われわれは、今こそ「子どもの権利条約」およびそれに関する勧告を踏まえて、わが国の子どもの成長発達権を実現するために、共同養育（共同親権）を導入し、面会交流権を十全に保障しなければならない。勧告の指摘するとおり、子どもたちは、まさにわが国の新自由主義経済体制のなかで、競争の坩堝に投げ込まれ、強者への忖度を強いられている。自分らしく活き、他人のことも考えられるような人間へと成長発達できないでいる。

　わが国における共同養育や面会交流を阻害している要因については、すでに多くが語られており、本書においても、社会的要因や日本的思

考方法（第3章）、さらには当事者の心理的葛藤（第5章）について語られている。そのほかにも、共同養育や面会交流の実践を阻害している要因としては多くのことが考察されなければならないが、ここでは、それらが阻害されているときに多くの親が最後の手段として駆け込む司法の場での救済が、ほとんどまったく機能していないことを指摘しておきたい。

１．家事紛争における裁判所の決定や命令が適切に執行されない

第４・５回の国連勧告は、パラ２７の（ｃ）で、「家事紛争（たとえば子どもの養育に関するもの）における裁判所の命令の法執行を強化」せよと命じている。

① 共同養育の実践によって、養育費の不払いは相当に減少するものと思われるが、今回の勧告はさらに、家事紛争全般について裁判所の判決や決定を確実に執行できる制度を考案せよと勧告している。

② 面会交流は、同居親がしっかりと面会交流の意義を理解し、子どもが別居親と「ねぇ、ねぇ」「なぁに」の関係（受容的な応答関係）を形成するように努めない限り（親権者または監護権者の義務であり、それを尽くさないときには、親権または監護権の濫用になる）、絶対に実現できない。しかし、これまで裁判所から面会交流の具体的な決定が出されても、同居親が面会交流に過剰な介入を加えたり、自分の感情や信念で子どもを支配して面会交流を中断したり、履行しない場合が多々ある。このような場合、せいぜい履行勧告か、債務名義が明確な場合の金銭的な間接強制による救済しか求められない。同居親の気ままによって面会交流が実現されていない場合の実効的な執行方法を、もっぱら子どもの権利の視点から、抜本的に検討する必要がある。本勧告はそのためのきっかけを与えている。

２．もっと重大な欠陥 ── 司法関係者が面会交流や共同養育（親権）の中核が子どもの権利の問題だということを認識していない

裁判官、相対している両親、代理人としての両弁護人、調停員、家裁調査官等の関係者が、面会交流や共同養育（親権）の本質が子ども

の権利の問題だと言うことを理解していないという点にある（この項は、筆者の研究者としての、あるいは弁護士としての体験を基礎にして叙述した）。

（1） 子どもの権利の本質の無理解

　国連「子どもの権利委員会」も、日本の児童福祉法も、法律家も、「子どもの権利条約」が制定されて以降、「子どもは権利の主体」だと強調している。しかしこの場合の「主体」とは、せいぜい「権利享有」の主体ではあっても、「権利行使の主体」という意味でないことは明らかである。近代の権利思想は理性を前提として、個人の人格的自律性や自己決定権に優越的価値をおき、「介入するな」「ほっといてくれ」という自由権を中心とする人権体系を築いた。日本国憲法の基本的人権もこの系譜に属している。しかし、子どもは、"未熟"であって、この近代の人権体系を成り立たしめている「理性的主体」になり得ない存在であるから、自らの意思に基づいて近代の市民的権利を行使することができない。すでに述べたように、子どもの権利の多くは本質的には利益説的権利でしかなく（９頁のコラム７参照）、子どもは、国や社会や親が「これが子どもに相応しい資格であり、地位であり、利益だ」と決めたことを、「はい」と言って受け入れることしかできない。子どもの権利の「権利性」が明確に理解されていないため、面会交流権にしろ、共同養育権にしろ、それらの争いを解決するための客観的な基準が存在せず、関係者の都合や感情や悪意に基づいて親子分離の不条理が簡単に作り出されてしまう。

　子どもの権利の中核は、親や先生と言った成長発達の過程で出会う身近なおとなとの間に、子どもの意見表明権（「ねぇ！ねぇ！」と本能的に呼びかける力）を媒介にして受容的・応答的な関係をつくる権利であり、他者による支配からの解放（分離）を求める自由権を中心とする近代の市民法的権利とは、権利行使のベクトルが真逆である。一方は共生的に活きるために他者と受容的に結合する権利であるのに対して、他方は支配を免れるめに他者から分離する権利である。

①　**同居親**：「子どもの利益を第一に考える」、「子どもの最善の利益を保障する」と「口では言うが」、何が子どもの第一の利益になるのか、何が子どもの最善の利益であるかは、だれにも分からない。その間隙を縫って、当事者は、結局自分の都合いいようにあることないことを並べ立てて、相手方を攻撃する。その結果、多くの場合、別居親には、虚偽のＤＶがねつ造されたり、精神的・人格的破綻者のレッテルが貼られたりして、分離に追い込まれる。これらの虚偽に満ちた主張は、同居親の実父母の支援や、行政的な慣行や子どもの権利を理解していない弁護士等によって増幅されている。

　同居親が面会交流を拒否したり、妨害している限り、面会交流は絶対に実現できない。同居親はこのことをしっかり認識すべきである。同居親が積極的に面会交流に応じることは、面会交流権保障のための片面的義務といえる。

　また、子どもは父母の葛藤のために片親疎外になったり、そこまで行かなくても、同居親の心情を忖度して別居親と面会するのを躊躇するようになっている場合も多い。そんなとき、同居親は、上記の面会交流実現の片面的義務の一環として、面会交流に際して、「何の心配もしないで存分に楽しんでいらっしゃい！　何があってもすべて責任は私がとるから」と子どもに申し伝え、面会交流の実現を喜んであげることが肝要である。このことは司法の場でも同様である。あらゆる事項に優先して、子どもの成長発達権を担保する面会交流権をいかにしたら実現できるかを真剣に考え（審理し）、主張すべきである（関係当事者全員が子どもの権利の実現に向けて協力することことこそ、子どもの権利の救済である。５９頁参照）。

②　**弁護士**：インターネットを検索するとすぐに分かるが、「離婚や子どもの親権・面会交流」でお困りの方は、「当弁護士」にご相談くださいと言った広告のなんて多いことか。子どもの権利は、証拠のねつ造や屁理屈を並べて、相手を打ちのめしたり、白黒の決着をつけて、相手と法的に分離することによって実現できるものではない。弁護士

の使命は「基本的人権の擁護および社会正義の実現」にあると高らかに謳われているが（弁護士法１条）、大抵の弁護士は「子どもの権利の擁護」とは真逆のことを行い、クライアントのわがままな利益の実現を至上の使命としている。弁護士は、クライアントのみならず、子どもの成長発達権の実現という利益にも大きく関わっているのであり、通説的な弁護士倫理は見直されなければならない。

　中には、母親の社会的自立を最優先し、母親と子どもをシェルター等に隠して、別居親が一切連絡を取れないようしている弁護士も多い。母親の自立の方が子どもの成長発達より優越し、「子どもの面会交流」を阻害することが子どもの最善の利益などとなぜ言えるのか！？

　同居親やその親族と一緒になって、子どもと別居親との面会交流が子どもにとっていかに悪影響を与えるかの証拠をねつ造したり、子どもが面会交流を拒否していることをとくとくと主張する弁護士も多いが、子どもの権利の視点から見る限り、このように子どもと別居親との分断を積極的に図る弁護士は、子どもの権利に対する侵害者以外の何ものでもない。こんな実務が日常レベルで通用している限り、到底「子どもの権利条約」に基づく面会交流権や共同養育権が司法の場で成熟することはない。

③　**裁判官：**調停や審判において、子どもの権利の視点から面会交流や共同養育の争訟を解決しようとする裁判官もほとんどいない。主眼は、あくまでもいかにして親たちの主張や紛争に白黒を付けて一件落着させるかにあり、「いかにして子どもの成長発達権を実現させるか」という点にはおかれていない。例えば、私の経験でも、（子どもとの関係は良好であった）双極性障害の診断を受けたことのある別居親の母親が、長年診察を受けている医師の「面会交流をすることの方が、母子双方の精神的安定のために有益である」旨の意見書を提出しても、医師の診断書も添付していない同居親側の「重度の精神障害者に子どもを任せることはできない」とする書面主張を鵜呑みにしていた。また、同居親（その祖父母）および担当弁護士が繰り返し「子どもは頑

なに面会交流を拒否している」と主張し続けていたが、子どもがたまたま母親からの手紙を見つけて読み、両目に一杯涙をためていた旨の情報を得たので、裁判官に子どもの心情の実態を知るための調査を依頼したが、即座に否定されたりした。このように裁判官の頭の中には、子どもと別居親との関係を丁寧に形成して、なんとかして別居親との関係の崩壊を防ぎ、子どもが別居親を切り捨てるようなことをせずに、両父母との愛着関係を維持しながら成長発達すべきだ、という意識はほとんどない。別居親がＤＶの場合にも当てはまる。

　また、子の連れ去りをそのまま容認したり、目立った問題のない限り同居親の下で生活を継続することを承認する慣行（この "継続性の原則" は、家庭裁判所調査官の調査をも支配している）も、個々の子どもの成長発達権を否定するものである。

3．新しい司法救済制度の確立の必要性
（1）　子どもの権利は、近代の市民法的権利の体系とは異なる

　子どもの権利は、近代市民法体系の系譜とは異なる新しい権利である。市民法原理においては、理性的な個人が自己決定権を行使し自己責任を負いながら（社会）生活を形成する。これに対して、体力的にも、精神的にも、知的にも、また経済的・社会的にも弱者である子どもは、死の恐怖と孤独の恐怖から逃れるために、愛着行動を含むさまざまな本能的欲求を表明して身近なおとなとの間に愛着関係を形成し、それを通して調和のとれた人格を備えた人間へと成長発達していく。近代の古典的な市民法が、理性的な自己決定をとおして他者の干渉を排除し、自律的な生活のエンジョイを目的としているのに対して、子どもの権利は、他者（親等の身近なおとな）との受容的・応答的な共生関係を形成し、それを通して尊厳と人格の成長発達を遂げることを目的とする。誤解を恐れずに言うなら、近代市民法原理は他者と分離する権利であり、子どもの権利は他者と結合する権利である。

（2）　子どもの権利の救済は、他者との関係を破壊しないなかにある
①　子どもの権利行使の認定の難しさ

子どもの権利行使とは、「ねぇ！、ねぇ！」と呼びかけて、自分に顔を向けてよという意見表明権である。時には「うっせいなー！」「このくそババー！」といった攻撃的なものや、試みに合わせるような表現や行動、あるいは非行さえもある。子どもは本能的な欲求を通して権利行使をし続けているのである。身近なおとなは、これらの真意を探りながら、子どもの次の表現を待ちつつ受容的な関係を築き、応答を続ける義務がある（条約12条）。

②　面会交流に対する頑なな拒否的態度

　いかに頑なに、またいかに汚いことばを使って、面会交流を拒否していようとも、子どもが真に別居親との断絶を願望しているのかどうかは、おそらく本人も含めて、だれにも分からない。「子どもの権利条約」は、「自然的環境としての家族の中で愛情と幸福と理解のある環境」を提供してもらわない限り、子どもは人格の調和のとれた人間に成長発達できないと断言している。世の中が近代化されて、親がそのような環境を保障することが難しくなったため、「子どもの権利条約」は、子どもの「ねぇ！、ねぇ！」という呼びかけ（意見表明権の行使）に対して、親が「なぁに？

　そうなんだ！」と受容的に応答してそのような環境を形成するための人間関係を保障する義務を親に課した。

　ここで重要なことは、子どもが「頑なに面会交流を拒否している」という行動自体が、子どもの意見表明だということである。「子どもは頑なに面会交流を拒否すること」によって、自分の欲求に真っ正面から「向き合ってくれ！」と希求しているのである。それなのに、司法の実務においては「子どもが拒否しているのだから面会交流はすべきではない」と、いとも簡単に親子を断絶させている。人類の英知として承認されてきた子どもの成長発達の場から子どもを切り離し、子と別居親を孤独という闇の世界に投げ込んでいる。

4．子どもの権利救済のための新たな司法制度 【以下59頁に続く】

第 5 章

子どもの発達に
なぜ共同養育が必要か

離婚が子どもに与える影響 – 心理学の視点から

青木智子（東京平成国際大学）

　　家族ライフサイクル論は（Carter　McGoldrick　1990）、人が年齢とともに成長・発達するように、家族も一定の段階を経て発達していくと考えます。個人を対象としたエリクソンの発達理論同様、家族には共通した発達課題があり、それをどのようにクリアーするかが、家族にとっての大きな課題となります。離婚というイベントにおいて生じる問題は、表1に示す通りです。家族の代表者ともいえる親は、これだけの状況への対処が求められます。

　　一方、親の離婚が子どもに与える影響として考えられる要因にはさまざまなものがあるでしょう。たとえば、離婚・離別に至るまでの父

【執筆者経歴：青木智子】　　臨床心理士、公認心理師、平成国際大学教授、1級キャリアコンサルタント技能士。大学に勤務しながら、韓国臨床美術学会外国人査読委員等を務める。講演、子どもや親の相談を行うと共に、神経心理学の知識をもとに高齢者の心理を踏まえた治療・コラージュ療法、認知症等の介護および介護世代にあたる第二の人生に悩む人たちへのケアなどを行う。

の紛争に巻き込まれること、愛する両親の一方との生活の強いられることになること、いずれにせよ、家族は解体し、子どもの置かれる環境には劇的な変化が生じます。

　特に、一方の親と「離れて暮らす」という状況から想起されるのは、親との関わり、すなわち愛着対象の消失です。

段　階		変化に対する情緒的過程：先行する態度
離婚の受容	離婚の決心	関係を続けたまま解決できないということ
	別れの計画	存続可能な関係の一部の支援
離婚渦中	別居	養育の協力関係の確立
	離婚	配偶者への愛着の解消
		情緒的離婚に向けてさらに務めること
離婚後	ひとり親家庭（同居親）	経済的責任を果たし元配偶者と親としての関係を持ち続ける
		元配偶者と子どもの接触を保つよう支援する
	ひとり親家庭（別居親）	経済的責任を果たし元配偶者と親としての関係を持ち続ける
		子どもとの接触を保つ

表 1 ：家族ライフサイクル論（1999）：離婚を経験する家族
（離婚前後の夫婦関係と子どものメンタルヘルス
　ー発達精神病理学からの理解ー　菅原より引用）

１．クラインと母子関係
　心理学者たちは、子どもの成長や人生に重要な影響を及ぼすものとして、誕生して初めて出会う人、すなわち親（もしくは養育者）との関わりに注目してきました。最初の人間関係でもある親との関係は、その子どもの将来、あらゆる場で顔を出してきます。この重要性、つ

まり母子関係が子に与える影響について、初めて問題としたのは、フロイトの弟子であり、「対象関係論」を構築したメラニー・クラインです。

　フロイトの提唱する精神分析では、治療は無意識やリビドーの抑圧などに主眼が置かれ、治療者がそれを解釈することで治療が成立すると主張します。ここでは、あくまでクライエントの「個」に目が向けられますが、クラインの対象関係論は、自分以外の他者との関係性を重視しました。対象関係論は、乳幼児期における重要な他者（特に母親）との関係、子どもが自分の内的世界に母親イメージを取り入れる過程と、そのイメージ（内的対象）との関係性という観点から、パーソナリティの理解や精神病理の治療を試みるべく誕生した理論なのです。

２．ホスピタリズム〜愛着理論：スピッツ、ボウルビィ、エインズワース

　実験や調査を通して、子どもの発達やこころのあり様について研究を深めた者も少なくありません。スピッツ（1945）は、フロイトから教育分析（精神分析家になるトレーニング）を受けた研究者ですが、乳幼児期の発達に着目し、母親がいない子ども、すなわち施設で暮らす孤児の調査から、「ホスピタリズム（＝施設病）」という概念を提唱します。

　彼が調査対象としたルーマニアの孤児院の子どもたちは、人との接触を求めず、自分の殻に閉じこもり、ぼんやりと虚空を見つめたまま体を揺すったり、ぐるぐる同じところを回り続けたり、じっと横たわったまま動かなかったり、自分を傷つけるような行動を繰り返し、十分な栄養が与えられている場合でも、成長の遅れや高い死亡率を示しました。一方で、孤児院の環境の方が良かったにも関わらず、刑務所の育児室で育った子どもは、死亡することもなく、ほぼ健康に発達していました。その原因についてスピッツは、刑務所の子どもが、母親

の手で育てられていたためであると指摘します。

　また、見知らぬ人が近づいてくると乳児は、横を向いて視線をそらせる、接触を拒む、不安そうな様子が見られる、泣き叫ぶなど恐れの典型的な行動を示す（生後8カ月頃から）とし、母親から置き去りにされる不安（分離不安）の一つと位置づけ、これを「8カ月不安」と呼びました。

　クラインに教育分析を受けたボウルビィ（1951）は、第二次世界大戦後、WHO の研究チームに加わり、イタリアの戦争孤児の研究を行います。そこで得られた知見は、以下の点に集約できます。

① 　愛着：子どもは、生後6ヶ月頃より2歳頃までの幼児期に、親との社会的相互作用を行い、無条件の信頼関係、特別の情緒的、すなわち愛着を示すようになる。その後、子どもは愛着の対象者を安全基地として使うようになり、そこから探索行動を行い、またそこへ戻る。3歳以降には、親と離れていても、「戻ってくれば大丈夫」と探索行動を行うことができる。

② 　愛着行動：親の養育行動を促す行動（微笑む、泣く、しがみつく等）であり、発達の過程で変化する。

③ 　母性的養育の剥奪：幼児期に母性的養育の剥奪が生じた場合、後の成長段階において、他者との新たな愛着の形成に困難さを感じる。「唯一の人物に自己の愛着を向ける機会がなければ『人を愛せない性格』がつくられる」。新生児が自分の最も親しい人を奪われ、新しい環境に移され、その環境が不十分で不安定な場合に起きる発達の遅れ、病気への抵抗力や免疫低下、精神的問題などが生じる。

　このように、ボウルビィの愛着に関する考え方は、子どもが不安な状況に置かれたときに、自分を守ってくれると感じる対象、すなわち親（であるという前提）に近づくことで主観的な安心を獲得するというものです。子どもは愛着対象との継続的な相互作用を通して、その関係や愛着対象に対して、主観的な信念や期待など、すなわち「内的

作業モデル」というものを発達させます。つまり、親との関係において様々な経験を通して、子どもは、親が自分の要求に応えてくれるのかという期待と、自分は愛され、注意を払ってもらえるに値する存在であるという自分自身に対する価値を理解するのです。

　たとえば、親が子どもの生理的な要求に応えられない、可愛がる、無視するなどの一貫性のない態度、離婚、別居、入院などの理由で長期間、親と関われない、虐待、育児放棄（ネグレクト）されるなど、愛着を形成していくべき大切な期間に、親の愛情を正しく充分に受けられなかった場合、安定した愛着を形成することが難しくなります。

　さらに、ボウルビィ（1973）（1969）は、青年期においても親は安全基地として機能すると述べる一方で、愛着対象が親から友人へ、そして性的関心を伴う恋人や配偶者へ移行するとも主張しました。これにも、「内的作業モデル」の果たす役割が重要になります。このプロセスは、友人や恋人と新たな関係を作っては壊し、その都度、親から分離を試みては戻るというように、親と他者との関係の間を行き来しながら、段階的に親からの分離を実現し、友人や恋人との親密で強固な関係を形成するというものです。ここでは、その前提として、幼児期に安定した愛着形成がなされている必要があります。
ボウルビィの孤児院研究のまとめに関わっていたのが、後に、乳児と母親の愛着（アタッチメント）の発達やその類型を明らかにするための実験観察法、：ストレンジ・シチュエーション法を確立したエインズワース（1978）です。この方法では、一緒にいた母親が部屋から出ていき、子どもは見知らぬ人と一緒に過ごし、その後、見知らぬ人と入れ違いに母親が入ってくるというプロセスで行われます。その結果、子どもの愛着行動は、3タイプに分類できるとし、後に、メインとソロモン（1986）が「無秩序型」を新たに加えました【次頁：表2】。

　このように、精神分析を学んだ者によってなされた発達研究は、子どもと養育者の関わり、すなわち愛着が子どもにとって人生全般に渡

	分離不安	分離不安の程度	養育者との再会	安全基地としての探索行動
安定型	○	多少の混乱	抱きつく	○
回避型	×	平静を保つ	無視する	しない
葛藤型	○	強く混乱	抱きつきながら怒る	できない
無秩序型	△	一貫性のない混乱	顔を背けて近づく	△

表2：愛着行動の分類とその特徴

って大きな意味を持つことを示しました。しかしながら、これらの研究には、母子関係のみに目が向けられており、父親と子どもについては言及していません。では、近年の研究で、愛着はどのように説明され、父親の役割はどのように説明されているのでしょうか。

　ニューズウィーク日本版2020年6月23日版には、母親が主たる養育者であっても、赤ちゃんの約4割に健全な愛着形成が認められなかったというミズーリ州立大学、ノースカロライナ州立大学、ペンシルバニア州立大学による合同調査の結果が掲載されています。

①　愛着形成：母親の温かく柔らかい胸に抱かれ、胎内で親しんだ心臓の鼓動を聞きながらおっぱいを飲むと、オキシトシン効果で赤ちゃんは安心と幸福感を感じる。これが「親の愛情を実感する」メカニズムであり、積み重ねが親子の信頼関係を構築する

②　赤ちゃんをあやしている時の母親の心拍数と感情の起伏を測定した結果、感情の起伏が少ない母親の子どもに「愛着形成が成立しない傾向」が強く見られた。

③　子育て中の親が過剰なストレス、疲労、プレッシャーにさらされることで、「オキシトシン」の分泌が悪くなり、親の愛情が子どもに十分に伝わらないことがある。

④　オキシトシンは、赤ちゃんを愛おしい、守りたい、かけがえのな

い存在と感じる「母性の源」であり、他者との信頼感を構築するものである。

⑤　オキシトシンの分泌を促進には、母親がリラックスしていることが重要である。父親、祖父母、兄弟姉妹など家族全員が協力して母親が子育てしやすい環境、母親が安心できる環境を整えることが大切である。

⑥　父親の育児参加は、母親の身体的・精神的負担を軽減することはもちろん、親子関係の構築にも強い影響を与える。子どもは母親の顔を見ると精神が安心して脈拍や呼吸数が少なくなり、父親の顔を見ると「楽しい遊び」を期待して脈拍や呼吸数が増加する。父親が子どもとの身体接触の多い、遊びを心がけると、オキシトシンが分泌され、父親に対する信頼感が強まる。遊びなどを通して子どもとの身体接触が増えると、父親にもオキシトシンが分泌され、わが子がかわいい、愛おしいと心の底から感じるようになってゆく。

オキシトシンは、脳の視床下部の室傍核と視索上核の神経分泌細胞で合成され、下垂体後葉から分泌されるホルモンです。脳内物質オキシトシン研究は、子どもの脳とマルトリートメント(不適切な養育)の視点から近年盛んに行われるようになりました（友田　2019）。これらの視点からも父・母という対象への愛着の重要性が理解できます。

では、さらに「家庭」という社会の中で育つ子どもにとっての父母の意義について、「ひとり親に育てられる」すなわち、離婚・離別が与える影響についての研究を見てみましょう。

３．子どもにとっての親の離婚

最も知られた研究の１つに、各国の親子関係法制のみならず、平成23年民法766条改正にも影響を与えたとされるウォーラースタインら（1988）の一連の研究があります。彼らは、離婚が「単一の限られた出来事ではなく、家族関係が急激に変化してゆく多段階の過程」であ

るととらえ、横断的研究、すなわち継続して追跡調査をすることが望ましいと考えました。そのため、別居・離婚の申立があった60家族（各夫婦は平均して結婚後11年）131人の子どもを対象に、インタビューまたはプレイセッションを通して、18か月後、5、10、15、25年後の動向を考察しています。彼らは、夫婦の決裂として起こることの多い、混乱した育児と生活の質の低下が子どもたちに最も悪い影響を及ぼしているとする視点から調査を実施しました（Schaffer 1990）。

　親の離婚に対する子どもたちの反応は、主に子どもの年齢による違いが顕著で、就学前の子どもたちは、激しい動揺、退行を引き起こす率の高さ、深刻な分離不安が認められました。18か月後には、男児の多くが混乱しているのに対し、女児の多くは立ち直りが見られ、5年後には性差も見られなくなります。10年後には、多くの子どもで家族や夫婦の葛藤の記憶が失われている一方で、半数の子どもは父母の和解を継続して望んでいました。

　一方、年長の子どもたちには、夫婦の決裂を目の当たりにして、自分の無力さ、親に対する怒り、落ち込み、社会的ひきこもり、学業成績の低下が見られました。18カ月後には、多くの女児は立ち直っていたのに対し、男児の大部分は依然問題を抱えたままでした。就学前・年長のいずれの子どもたちも、5年後の調査では、彼らの心理的適応と、離婚後の生活や再婚家族での生活の全体的な質との間に強い相関が認められました（1989）。

　25年目の調査では、離婚は長期に及ぶ危機であり、何年にもわたって子どもの心理面に影響を及ぼすこと、離婚の最大の衝撃は子ども時代や思春期に訪れるのではなく、むしろ、異性との恋愛が中心になる成人期に頭をもたげてくるのだと指摘しています。

　これに加え、面会交流について、「面会のスケジュールは、双方の親の要求に見合う形で組まれていた。8歳と13歳になっていた子どもたちの希望や要求は、何一つ考慮されなかった」「6歳の子のためにつくられた面会スケジュールが、13歳の子供の要求に見合って当然だと思

われていどもる。子どもが新しい成長段階に達するたびに、その意見を取り入れながら柔軟な対応をしていくことがどうしてできないのだろう？」として、面会や監護権の計画を立てるとき、子どもの友人関係や遊びに無頓着であり、親のスケジュールや希望や権利が優先され、子どもの利益は第一に考えられていないと述べています。

実際に、私たちの同居親・別居親に対する調査研究でも、子どもの成長の節目、（たとえば、高校進学や習い事をするなど）において、双方の親がその都度話し合いの機会を有していたケースは非常に少ないものでした。

また、1980年代初めにリチャード・A・ガードナーが指摘した「片親疎外（症候群）：PAS,Parental Alienation （Syndrome）」の概念も重要かと思われます。片親疎外は、親の離婚・別居を契機に、子どもを事実上、養育している同居親が、別居親について誹謗や中傷、悪口などを言葉だけでは無く、体から醸し出す雰囲気で子どもに伝え、子どもを別居親から引き離すようし向け、その結果、理由もないまま別居親に会わせない状況であり、「洗脳虐待」と訳されることもあります。例として、子どもが別居親に対して「嫌い」「会いたくない」と主張する、パパでなく名前で呼ぶ、誕生日のプレゼントに「うけとりきょひ」などと書いて送り返す、激しい攻撃性を示すなどが見られます。父親・母親はいずれも子どもの愛着対象であり、先に述べたように、子どもの将来には、社会性、人間関係、他者との愛情構築などが困難になるなどの問題を生じさせる可能性があります。また、子どもは同居親に忠誠を示すことが強いられ、「一方の親」に対する愛着を諦める、すなわち、忠誠葛藤の状況に置かれ、逃げ場を失うことになります。

子どもを愛する別居親、別居親を愛着対象とする子どもの気持ちを踏みにじり、同居親が子どもを支配しようとする片親疎外については、様々な議論がなされてきました。2018年の段階で、ICD-11（国際疾病分類）への疾病インデックスへの追加が報道されましたが、実際には、掲載に至っていません（https://icd.who.int/en）。いずれにせよ、こ

の傾向は、多くの子どもに見られるものと言えるでしょう **（コラム9）**。

　私たちの調査では、共同養育に成功している親たちは、ウオーターステインらも指摘する、子どもへの利益や生活の質を優先していました。たとえば、離婚の原因が子どもにはないこと、同居親の前で遠慮なく別居親の話ができ、子どもの前で先夫・先妻の非難をしない・悪口を言わない、子どもの成長を踏まえて、子どもの生活に応じて養育計画について柔軟性を持たせること、教育やしつけについての合意などがあげられます。

　親同士の葛藤を子どもに持ち込まない。双方の親が親としての責任を持つ。さらには、愛着という「安全基地」が子どもの将来の人間関係をはじめとする人生に影響を与えるのだとする自覚が、離婚・離別を選択した親に求められるのではないでしょうか。

コラム9：ICD-11

　世界保健機関（WHO）による国際疾病分類を「International Statistical Classification of Diseases and Related Health Problems」（以下、ICD）と呼びます。2018年に第11回改訂版（ICD-11）が公表され、新たに「ゲーム症/ゲーム障害」が疾患として加えられるなどしました。一時、このICD-11に片親疎外も加えられるとの報道がなされましたが、（https://icd.who.int/en）最終的には入りませんでした。片親疎外によって起こる子どもの状態を〝疾患〟と捉えるのは、難しいということなのでしょう。

第6章 座談会

子どもの成長発達権を保障する面会交流を実現するために

法と心理と司法と当事者の協働を求めて

参加者 :

青木智子、森本京介、福田雅章、木附千晶（司会）

木附：みなさんのお話を集約すると、やはり子どもの権利条約の前文が述べている通り、「子どもの成長発達、人格形成には両親に愛されることが不可欠」という結論になりました。しかし、残念なことに、今の日本ではそれができていないわけです。その要因としては、両親の気持ちの問題やそれに介入する場所・手法・法的サポートの欠如など

【執筆者経歴：木附千晶】　臨床心理士、公認心理師、文京学院大学非常勤講師、子どもの権利条約(CRC)日本代表。DV や虐待、AC、家族・カップル・親子に関するカウンセリングやソーシャルワークを行う。愛着理論をベースとする「子どもの権利条約」に関する講演・執筆や、家族や伴侶動物の看取り・喪失にともなうグリーフワークにも取り組む。

が挙げられました。

　そこで、ここではもう一歩踏み込んで、子どもが両親との関係性を維持できる面会交流を続けるため、①どうしたら両親間の葛藤を減らすことができ、②どのような法整備が必要で、③心理士がどのようなサポートをすべきなのか、ということを考えていきたいと思います。

○　何よりも親の「傾聴」が大事

森本：支援の現場で思うのは、確かに両親間の葛藤は高くて、お互いを「とんでもないやつだ！」と罵るんですけども、それぞれと話をしてみると、どちらも「子どものことを考えている」、「子どものために頑張っている」と思っている。だからこそ、「相手がやってくれない」と不満を持っているわけです。そういう両親に対して、説き伏せるように「子どもの権利を理解しなさい」と言って、うまくいったケースは私の経験ではありません。

　非常に時間も体力も使うのですが、まず必要なのは、「それぞれの言い分を傾聴する」ということです。

　あとは、その方の性格などにもよりますが、逆に子ども以外のことを考えていただくということも有効だったりします。たとえば、同居親であれば、いつも子どもの面倒を見ているわけだから面会交流中のちょっとした時間を自分の楽しみに使ってもらうとか、悶々としている別居親さんであれば、ひとりで持て余している時間を体を動かすことに使ってもらうとか。そういった「子ども以外のこと」に目を向けてもらうことでうまくいくケースが多いように感じています。

木附：司会者の立場で恐縮ですが、私もお話させていただいてよろしいでしょうか？　私も経験上、ご両親それぞれの思いを傾聴することの大事さというのは分かります。しかし、心理士という仕事をしている者の立場で申し上げると、無料もしくはそれに近いかたちで傾聴を続けるというのはカウンセリングの枠組みもつくりにくく、かなり難

しいと感じています。葛藤が高い方ほど、たくさんお話したい方が多いわけですが、「お金を払って話す」ということに、とても抵抗を示されます。一般に東京界隈だとカウンセリング料は50分1万円前後くらいになりますが、「悪いのは相手で、自分は被害者なのに、どうして自分がそんな高いお金を払って話を聴いてもらわなければならないのか」という壁を感じました。

また、有料となると、支払う側は「早く結果を出して欲しい」「お金を払っているのだから、自分の言い分を通して欲しい」という気持ちにもなります。

たとえば DV 被害者などは、昨今は国の援助や企業の寄付などを受けて、無料に近いかたちでカウンセリングを受けられるのに、夫婦間葛藤だとそういうものが無いんですよね。

○　共同養育の大きなメリット

青木：たしかに、子どもにとって別れて暮らすことになったとしても、両親の愛情は大切ですよね。森本さんのお話しにもあったように、夫婦間葛藤が子どもに与える影響が大きいことは、1980年のウオーターステインの研究ですでに指摘されています。それ以外の主張としては、片親疎外の問題もありますね。これについては「ある・ない」と見解が分かれていますが。

森本：理想論かもしれませんが、共同養育がうまくいったことで別居親・同居親それぞれが得られるメリットは大変大きなものがあります。そういう成功モデルがもっと出てくれば、行政などに傾聴の場の必要性を訴えることはしやすくなりますね。

今、離婚とか面会交流の話となると、みんなまず弁護士のところへ行きますよね。そこで100万単位でお金を使っている。それで幸せになれていればいいですが、そういう人はほとんど見ない。それよりはカウンセリング、傾聴の場などを使った成功モデルというものが増え

ていけば、ニーズも高まって環境も整って行くのでは無いかと期待しています。

木附：まずは「弁護士のところに行く前に、自分の気持ちの整理をする場所に行ってみるというルートもあるんだ」ということを伝えていくことが重要ということでしょうか？

森本：市場に任せていってもいいのではないでしょうか。弁護士であっても傾聴できる方もいらっしゃいますし。共同養育ができるようになるというのは、子どもと会えるというだけではなく、たとえば「憎たらしい」と思って争っていた元配偶者と信頼関係を築くということで、それ以外にも無償の愛を提供してそれが自分に返ってくるという、よい循環が日常の中でも生まれます。たとえば電車の中でお年寄りに席を譲るとか。小さな事ですがそういうことによって人生が好転していくという大きなメリットがあると思います。

青木：愛着の視点からしても、「愛された経験」が後の他者を愛する、思いやるということに影響を与えると指摘する研究者は多いです。

○　司法では子どもの権利は救われない

木附：弁護士の立場からはどうでしょうか？

福田：多くの弁護士は、お金をもらって子どもと会えなくしているんですよね。「勝ち負け」という裁判のなかで、親の利益だけは主張するけれど子どもが本当に幸せになるための子どもの権利の実践ということは考えていない。現在の日本の司法の世界では、弁護士は子どもの幸せを考える者として登場してきていないんです。親同士が高葛藤であるとか、子どもが連れ去られた同居親が、連れて行かれてしまった子どもと会いたいというようなときに、みなさんすぐに弁護士のところに行くのですが、私はこれに「待った」をかけたい。

　調停や裁判についても同じです。裁判所は何もしてくれません。やはり困っている人、子どもという弱者のためにどうにかしようという

心理士や弁護士が集まって、たとえば ADR（裁判ではない紛争解決手続）のような仕組みを民間レベルでもっとつくっていく必要があるのではないかと思っています。そこで「ちゃんと話を聴きますよ」というスタンスを持って、今、会えない子どもとどうしたら会えるようになるかというような話し合いをしていく場所です。

木附：司法を変えるというよりは、民間レベルでやっていこうと？

福田：「まずはそこから」ということです。もちろん、難しいですし、最終的には司法の力を借りなければならないケースはあると思いますが、そういうときでも勝ち負けではなく、裁判官が子どもの権利の実践ができるような司法制度がつくられなければダメですね。

青木：世の中には、「いのちの電話」とか「チャイルドライン」とか、無料で相談できるところというのがありますよね。臨床心理士会などもやってるじゃないですか。だけど、「家族の相談」というと、できるところがほとんどないですよね。もっと言うと、離婚を考えたときに相談できる機関が日本には無い。DV なら行政の DV 相談窓口があるし、子どものことなら児童相談所があるけど、夫婦や家族のことを相談できる場所を無料に近いかたちで広めていく必要があるのかなと思いました。今はせいぜい自治体でやってる弁護士相談くらいです。それから協議離婚というシステムも変えていくべきではないかと考えています。世界で日本のような協議離婚という仕組みを持ってる国ってあります？

森本：ニュージーランドなんかがそうですよね。ただ、裁判所がまったく関与しないというレベルの協議離婚というのはまれだと思います。

青木：なるほど。なので「別れた後、子どもにどう関わるか」というところまで深く取り決めをするような協議離婚の仕組みにするとか。たとえば公正証書で養育費や親権のことまできちんと取り決めて、約束をちゃんと交わしてから離婚するような工夫があればいいのかなと思います。

　私たちの研究でも、共同養育に成功している人たちは、子どもの発

達に応じて、別居親・同居親が子どもとの関わり方、たとえば、高校に進学する時や、習い事を始めたいなどという場合に、必要な費用をどう捻出するか、子どもにとって望ましい学校や習い事とはどんなものか、などをその都度、話し合いをしているというケースが多いんです。子どもは離婚したとは言え、両親が自分たち子どものことを常に考えてくれていると感じることができますよね。また、宿泊を伴う面会交流を定期的に実施し、別居親と関わることを継続しているという方たちが多い。子どもも面会交流を楽しみにしているんです。親はお互いの悪口を言わないなど、子どもに与える影響を考えて両親としての役割を意識したルールをつくっていました。逆に、「遊園地に行く」とか、別居親が子育てと仕事に追われたできない部分を子どもと関わってくれることに感謝されている方もいました。結局は、高葛藤のまま離婚し、離婚後の子育てについて十分に話し合いができず、その後もそれが継続しているとなると、両親の子どもの関わりは不十分にならざる得ないですよね。

○　子どもの拒否意思

福田：面会交流というと、すぐに「養育費を払わない別居親が多い」という主張につながるんですけど、本当に面会交流ができていない親は養育費を払わないことが多いんでしょうか？

森本：ぴったり一致はしないですが、重複するゾーンは大きいと思います。

福田：「子どもに別居親なんかいらない。だから会わせない、けれど養育費だけ払え」というのは、私は極めてエゴイスティックな要求だと思うんです。もちろん、養育費を払い続けているうちに、同居親が変わり、子どもに会えるようになる可能性は無きにしもあらずです。しかし、やはりきちんと別居親も子どもの養育に関わるべきだと思います。養育と言ったってそんなに難しい話ではありません。子どもの「ね

えねぇ」という欲求に応えればいいだけなんですから。それさえもさせてもらえず、ただ養育費だけ払い続けろというのはおかしいと思うんです。

木附：「子どもの欲求に応えればいいだけ」という話がありましたが、最近、問題になっているのは、「子どもが会いたくないと言っているから会わせない」というケースですよね。同居親が「別居親からの DV があった。子どもも恐いと言っている」というような主張があったときにどうするのかというのは大きな問題だと思うのですが。

青木：忠誠葛藤の問題ですよね。同居親が一方的に子どもに語る別居親の悪口などを、子どもに吹き込む、信じさせるというものです。もちろん同居親の主観による語りですから、真偽のほどは明らかでないですけど、子どもは同居親に愛されなければ、生きていく術がありませんし、別居親側の主張を知る機会もない。となると、同居親に取り入れられてそれを信じて、忠誠を誓って生きていくことになりますよね。さらに言えば、子どもにとって父親も母親も愛着対象です。ところが、離別によって一方の愛着対象を失う。これによって生じる不安や無気力について指摘する研究も多いです。愛着というと、母親とイメージされがちですが、たとえば、父親の愛着は、子どもに社会性を教えるなどの役割を持っています。

福田：私が扱ってきた何十件かのケースでは、子どもが拒否をしている場合にはやはり原因があるんです。ただ「お父さんが嫌いだ」「お母さんが嫌いだ」というだけでなく、なぜそう言っているのかに立ち戻って、なぜそのような拒否意思を持っているのか考え、必要であれば第三者が間に入って、子どもが安心して会えるようにするという努力が必要なのではないでしょうか。場合によっては同居親が面会交流に立ち会ってもいいと思うんです。片親疎外（7頁コラム4参照）とか言う前に、そういうできるだけの工夫をしてもいいんじゃないかと思います。子どもに「片方の親を捨てる」という決断を下させるというのは本当に残酷です。理想論かもしれませんが。

木附：DV 相談や面会交流支援などをしていると、別居親（多くの場合は父親）に対して、「恐い」「会いたくない」と言う子どもは少なくありません。一緒に暮らしているときに虐待されていたとか、お母さんが激しい暴力を受けているのを目撃したというようなケースもあります。しかし、子どもが拒否する背景には、先ほど話に出た忠誠葛藤にも関係しますが、「別居親がお母さんを悲しませている」という思いがあるように感じます。「だれよりも自分の世話をしてくれている同居親を辛い目に遭わせた別居親が許せない」とか、「自分が別居親に会うことで、大好きな同居親をこれ以上悲しませたくない」と思っている。もちろん、そこまではっきり言語化できる子どもは少ないですけど。同居親に聞くと、「子どもに別居親の悪口など言っていない」「面会交流をするよう勧めている」という場合でも、同居親の本心や期待を子どもは空気や雰囲気で読み取って、無意識のうちに同居親に同調しようとします。

　それから、「同居親が立ち会う」という話もありましたが、激しい DV があったりしたケースだと厳しいこともあります。そういう個々のケースによる違いとか、子ども自身が気づいていない無意識の働きとか、問題・困難になっていることを見極めて、たとえば「同居親が一緒に会うのはできないから、どうするか」というようなことを考えてくれる第三者の支援というのが手薄なんだと思います。

森本：面会交流に関してだけでなく、日本社会ではなかなか自分の本音を言えませんよね。たとえば終業時間ギリギリに上司が「この仕事、明日までにやっておけ」と言ってきた。そこで「この後、デートがあるんで」と断れる人って、めったにいないと思うんです。そういうことって日本の企業では日常的にあります。女性で言えばお姑さんがかけてくるプレッシャーに対して「NO！」と言えないとか。子どもはそういう両親を見てるわけです。「空気を読んで発言しないとまずい」と生まれたときから植え付けられているわけですから、そのへんが片親疎外を起こしやすい状況につながっているのではないでしょうか。

一見すると、遠回りに感じるんですが、親たちが自分の思いを受け止めてもらうとか、そういった成功体験を積むことが大事なのではないでしょうか。それによって相手を信用するというか、「自分には何のメリットも無さそうだ」と思いながらやってあげたら自分に返ってきたという経験を支援者と一緒に積み重ねていくことが必要なのかなと思うんです。

福田： 多くの場合は、同居親が別居親や面会交流についてネガティブな刷り込みを子どもにしてしまっている、自分の「別居親が憎い」という意思を子どもが忖度して、子どもが「別居親に会いたくない」という状態になっているということを認識することもできていません。そういう同居親の気持ちもきちんとほぐせるような何かが欲しい。それが ADR なのか、電話相談なのか・・・。少なくとも日本で子どもを幸せにするために設置されているはずの児童相談所ではできないことなんですよね。児童相談所は虐待とか、激しい DV とかが無い限り手を貸してくれない。親の葛藤やネガティブな思い込みを調整して、子の利益を図るという努力を一切してくれない。

青木： 子どもはその刷り込みを信じるしかないですよね。先ほどから出ている、忠誠葛藤ですよね。一方の親の言い分だけを聞かされてそれを信じている。信じるしかない。

○　「人間は理性的な存在ではない」との発想がない

木附： でも最近の児相相談所への警察からの虐待通告のほとんどは面前 DV ですよね。「夫婦げんかを子どもに見せるのは面前 DV で、子どもへの心理的虐待だから、場合によっては子どもを一時保護しますよ」と。

福田： 「人間は理性的な存在だ」と考えているからそんなことが起こるんですよね。高葛藤の親たちなんかも、感情に突き動かされてやってるわけで、理性的に判断しているわけではない。「愛する」ということ

だって理性的な判断でやるわけではないですから。そういう感情の部分を「あってはいけない」と考えるのではなく、人間というのは感情に流される弱い生き物なんだ、みんなが持っているんだ、動物なんだということをお互いに受け入れて、助け合いながら共感的に生きていく。その価値観を社会で共有しなければいけない。私は、これこそが最も大事な人間の尊厳を保障する基本的人権だろうと思っているんです。理性によって相手から離れるとか、善し悪しを判断するという個人の尊厳だけが基本的人権ではないんです。関係性をつくっていく、共感的に生きていくということも重要な基本的人権なのです。もし、憲法を改正するというのであれば、新たに「お互いに共感的に生き、関係性をつくる権利」というものを法制化して、その下に面会交流とか福祉の問題とかもぜんぶ入れていけばいいのかなと思うんです。

木附：基本的人権がそんなふうに変わると、いろいろなものが変わるはずですよね。たとえば今の DV 避難は、たんに配偶者と縁を切るというだけでなく、それまでの人間関係や地域とのつながり、やってきたことなどを全部捨てて、新たに自立して生きていくというやり方です。会社も辞める、親や親族からも離れる、子どもは転校して仲が良かった友達とも連絡しない・・・そうやってそれまでの人生・生活から全部切り離されて一から始める、関係性を断ち切るところから始めます。「それがその人にとって幸せなんだ」「危険な夫から逃れるにはそうするしかないんだ」というのが常識になっていますが、これも見直されるべきでしょう。

　また、「児童相談所は子どものための機関で、家族のためのものではない」という話もありました。でも、本当に「子どものため」というのであれば、子どもが育つ場としての家庭・家族・親というものへの支援こそが重要なんだということも言われるようになるかもしれません。児童相談所の方たちも人手の足りないなかで一生懸命やってるし、みんな子どものことを考えているとは思います。しかし、やはり根底に「おとな（親）」というのは理性的にきちんと自分をコントロールす

べきだ」という理想論のようなものがあって、それができない場合は「おとななんだから自分たちでどうにかしてください」というスタンスになってしまうのかなぁという気がしています。理性的にうまくできないところをサポートするという発想が無いというのでしょうか。

青木：そういったことも踏まえて、離婚時の親教育プログラムなどもいくつかあるようですが、まだまだ世の中には浸透してません。しかも、高葛藤の場合、別居するわけだし、養育費を払うし、元配偶者に子育てのことで口出しすると面倒なことになると考える人も少なくありません。

○　まずは親がいい経験を積み上げていくこと

森本：時間が迫ってきたので、一つ補足させていただいてもいいでしょうか。先ほど「同居親がなかなか子どもを別居親に会わせない」という話がありましたが、両方の立場と会ってきた支援者として感じるのは、「双方とも相手に対して怒っている」ということです。怒りの強さを瞬間最大風速で言えば、別居親の方が強い。ある日いきなり子どもを連れ去られて何がなんだかわからないというところがスタートですから。「連れ去られて1週間で5キロ痩せた」とかいう話はざらです。では同居親はそんなひどいことをしたとんでもない人かというとそうではありません。同居親が抱えているのは積年の恨みです。「結婚して10年、ずっと我慢してきた」という時間の長さでいうとこちらの方がずっと長い。「幸せなお嫁さんになる」という同調圧力の中で夢を見てきたことが裏切られたことへの怒りの大きさは半端ではありません。このどちらのケアも私は必要だと思っていて、支援者がジャッジしてはいけないと思うんです。ただ事実に沿って、その人の尊厳を守っていく、尊重していくというアプローチが必要なのかなと思います。

福田：確かにどちらか一方が悪いという話ではないですよね。ただ、もともと他人と夫婦になって一緒に暮らして家庭を築いていくわけで

すからいろいろ苦労があるわけです。そうした苦労をして関係性をつくっていくということを放棄して、実家に戻って、実家の親の援助を受けながら安穏と暮らしているという同居親の問題というのも忘れてはいけないのではないかと思うんです。まるで子どもに返ったように親の懐で守られようとするというか。人間として独立してない、おとなになれない人たちがあまりにも多い気がしないでもないんですよね。そういう人に説教するというのではなく、なんとかして一人の人間として自分自身を価値のある人間だと思って、子どもとの関係でも、配偶者との関係でも、仕事をして社会でも承認されというような、支援というか援助というか、価値観を確立していきたいですよね。

青木：私は「親権」という言葉があまり好きでは無くて、権利というより親としての責任ですよね。「親としての責任を果たす」というような意味合いの言葉にしたほうがいいのではないかと思うんです。今の指摘にもあるように、両親が親として、「子どもをどう養育するか」ということについて、きちんと話し合いをしなければならない。いつまでも高葛藤のまま、離婚したら元夫婦としての関係は清算されて、なかったかのようになっている。その上、養育についてもせいぜい養育費について話し合う程度で、それ以外の子どもがおとなになるまで「見届ける」ことを放棄しているようにすら感じます。

福田：ドイツとかはみんなそうなっているんです。ただ、親権というのは子どもの成長発達が侵害されたときに、第三者に対して「止めろ！」「そんなことするな！」という、・・・やはり権利なんですよね。青木さんがおっしゃることももっともで、大切なことなんですが、もし、新しい言葉をつくるにしても、第三者から子どもを守るための権利の部分は入れておいて欲しい。

青木：今でいう親権のなかに、親としての責任とか自覚を盛り込むということが重要だと思うんです。あと、森本さんがおっしゃったこととつながるんですけど、争いが止められないケースの場合、親としての自覚が足りないというか、お互いを攻撃するとか、自分の主張を通

すことにエネルギーを注いでいて、子どものことはそっちのけになってしまうというようなことが多い。本来なら子どもに注がれるべきエネルギーがぜんぜん子どもに向けられていないというのことがよくあります。それをどういうふうに解決していくにかというと、おそらくサポートするカウンセラーとか司法関係者の力量になるのかなとは思うのですが。

福田：どうしてそんなふうになっちゃうんですかね。親自身が、育ちの中で自己肯定感とか共感能力を持つというような機会を持てなかったからなんでしょうか。

森本：私はちょっと高葛藤な親の味方をしすぎかと思うのですが、おそらく子ども時代にありのままを認めてもらえなかったのかな、と。私はちょうど団塊ジュニアの世代なんですが、たとえば授業参観で後ろを振り返ると全員、お母さんしかいないというような、「これが当たり前」「これが普通」という「○○らしさ」に囲まれて、「それに合わせろ」と言われながら育ってきたんですよね。そういう、かつて自分が味わってきたやるせなさとか理不尽さとか、傷つきとか、そういうものが癒やされないと他者とか子どもに優しくできないのかなと思うんですね。今からでも遅くないので、まず子育て世代のおとながいい経験を積み上げていく、挽回していく。そこをサポートしたいなと思います。

木附：「親としての責任の自覚」とか、「親自身が共感してもらう経験をする」というのも、座談会の冒頭に話に出た傾聴が必要という話につながる気がします。そうすると、やはり親のサポートをする場所、児童相談所ならぬ「家族相談所」みたいなものが、あちこちにできて、夫婦のこと、家族のことで悩んだら気軽に相談できるみたいな機関ができると違うのかと思います。そして青木さんもおっしゃっていたように、たとえば臨床心理士会がその受け皿として無料電話相談を行うとか、そういうものを民間レベルでやっていく。そういうことをやっていく中で、たとえば内閣府がやっている相談窓口とか、行政や弁護士会などがやっているようないろいろな相談窓口のひとつとして「『家

族相談』とか『「夫婦相談」というものも入れて欲しい」と訴えていくということになるんでしょうか。

　確かに、DV 支援なんかもそれこそ数十年前には支援団体などほとんどありませんでした。簡単ではないですけれども、民間で ADR とか、傾聴などもできる、家族相談ができる場所をつくって親のサポートをしていくということが必要で、そこに今日のシンポジウムのテーマでもある司法と心理の協働の道もあるのかなぁと思いました。今後はそのために、民間団体として何ができるのかというのを実践団体として示して行く必要があるのではないかと感じました。三人のみなさん、本日は長い時間、ありがとうございました。

【本文35頁から続く】（この項、福田「人間回復の論理と現実」前掲8頁参照）

　関係者が、子どもと別居親が分離するように働きかけることは一切許されない。なぜなら、それは、子どもの成長発達のために絶対になくてはならない「愛情と幸福と理解のある環境」を保障するための「子どもと別居親との受容的な応答関係を形成する」子どもの権利を侵害するからである。子どもが別居親と受容的な応答関係を再構築し、愛情と幸福と理解のある環境のなかで成長発達できるように、親も、弁護士も、裁判所関係者も、全員がただ一つ同一の目的に向けて協働することこそ、子どもの権利の救済である。「子どもは両方の親の愛を必要としており、それを可能にしてあげよう」という「共同目的」を制度化することが求められる。その柱を以下に列挙する ──
① 共同目標の設定：親、弁護士、裁判官、その他関係者の全員が、子どもの成長発達と「受容的な応答関係の再形成」を目的として、一緒に考え、協働する、②審理構造の変革：勝ち負けを決めることおよび利害関係者が自己の利益を追求することを目的としてはならない、③ 子どもの当事者性：子ども本人がその代理人と共に当事者として出廷すること、④ 共同親権：共同養育の法的大前提として共同親権制度を導入し、連れ去りを禁止すること、⑤ 子どもの権利の理論化：近代法はその根底の「人間の固有の尊厳」を近世の理性的人間像を前提にして定義したが、未だ理性のない子どもの権利は、より根源的な動物的人間像を加味して定義し直されるべきである。理性がなくても、死と孤独の恐怖から免れるために本能的に他者との受容的な関係性を求め、その関係性の中で自分らしく、共感的に生（活）きることも「人間の固有の尊厳」と言える。なぜなら人とは「理性的存在になり得る動物」なのだから。子どもの権利は、理性と自律を前提とする市民法とは異なる「他者と共感的に生（活）きる」関係論的権利なのである。

CRC日本ブックレット　NO.１４

　子どもの成長発達のための
面会交流と共同養育のあり方
法と心理と司法と当事者の協働を求めて

日本カウンセリング学会第５３回大会（２０２１年）報告の
シンポジウムを編集したもの

発行日　２０２１年１０月２５日
著作　　森本京介（ＣＲＣ日本理事）
　　　　青木智子（国際平成大学）
　　　　福田雅章（一橋大学名誉教授）
　　　　木附千晶（文京学院大学）
　　　　表紙絵　　天地
発行所　子どもの権利条約（CRC）日本
　　　　〒168-0081　東京都杉並区宮前1-14-3
　　　　電話　03-5941-9560　FAX　03-5941-9561　携帯　090-4061-5100
　　　　メルアド　office@crc-japan.org
©2021　ＣＲＣ日本
ＩＳＢＮ978-4-910297-02-6